Lou

Emma aime trop manger

Histoire
Christine Sagnier

Images
Caroline Hesnard

Conception
Émilie Beaumont

FLEURUS

FLEURUS ÉDITIONS, 15-27 rue Moussorgski, 75018 PARIS
www.fleuruseditions.com

Tuut ! Tuut ! a fait la voiture en
se garant devant la maison.
- Maman, ai-je crié, j'y vais ! Aline est là !
Aline, c'est la maman d'Emma et de Mehdi,
le meilleur ami de mon frère Tom.
- Bisouuuu, ai-je entendu alors que je survolais
et le porche et le jardin pour rejoindre la rue.
C'est que j'allais au centre aéré avec Emma.
Et j'adore ça, le centre aéré, surtout lorsqu'on
va à la piscine. Du coup, Maman m'avait

inscrite à un stage de natation pendant une semaine. Trop de chance ! En plus, des olympiades étaient organisées. J'avais donc soigneusement préparé mon sac à dos : maillot, lunettes, bonnet, serviette. Il ne manquait plus que les palmes et les pinces pour le nez !
J'avais presque atteint la voiture quand la portière s'est ouverte, libérant Mehdi, plus rapide qu'un fauve.
- Salut, Lola ! a-t-il soufflé en passant au galop

devant moi. Tom m'attend toujours ?
Bien sûr que mon frère l'attendait. Évidemment.
Je voulais lui répondre, mais je n'ai pas réussi à prononcer un mot tant mon cœur était tourneboulé. Ah là là, ce n'est pas facile d'être amoureuse du copain de son grand frère.
Pour de vrai, je ne sais même pas comment je me suis retrouvée assise sur la banquette arrière. Je me souviens seulement qu'Emma m'a aidée à boucler ma ceinture et hop !
la voiture est repartie.

- Excuse-nous pour le retard, Lola, a fait Aline en me regardant dans le rétroviseur. Mehdi ne trouvait plus ses chaussures à crampons ! Tu avoueras que c'est embêtant pour jouer au foot...
- Grrrrrr ! a grondé Emma en levant les yeux au ciel. De toute façon, c'est toujours la même chose avec lui : à chaque entraînement, il cherche ses affaires pendant trois heures. Et maintenant on est en retard.
- Ne vous inquiétez pas, les filles. Si c'est le cas, je vous accompagnerai à la piscine.

Et c'est ce qui s'est passé : quand nous sommes arrivées au centre aéré, celui-ci était fermé à clef. On a regardé par les fenêtres : il n'y avait personne. Alors, nous sommes reparties illico.

- Super ! a chuchoté Emma à mon oreille. Comme ça, on ne marchera pas...

- Qu'as-tu dit, Emma ? a demandé Aline. Je ne t'ai pas entendue...

- Rien, rien... a dit mon amie en mettant

un doigt sur sa bouche.
Arrivées à la piscine, vite, vite, vite, on a sauté de la voiture et on a couru jusqu'au hall, moi devant et Emma derrière, tout essoufflée.
Là, on a retrouvé les enfants du centre aéré.
Ouf ! Il était temps.
Vingt minutes plus tard, on était tous rassemblés au bord du bassin, changés, douchés et surexcités.

- Un peu de silence, a dit Alexis, le plus gentil animateur de la terre. Nous allons vous répartir par équipes de douze. Chacune sera divisée en trois niveaux : les grenouilles pour les 7-8 ans, les sardines pour les 9-10 ans et les dauphins pour les plus grands. Chaque membre devra exécuter des épreuves selon ses capacités. À la fin, nous comptabiliserons les points de chaque équipe. Celle qui en aura le plus aura gagné. Il y a des questions ?
- Elles sont comment, les épreuves ? a demandé Lucas.
- Les grenouilles iront chercher le plus d'objets possible au fond de la piscine... Les sardines feront une course de relais, et les dauphins un aller à la brasse et un retour sur le dos, suivi d'un concours de plongeon !
- Waouh ! Mais c'est super-dur, s'est exclamée Atsumi en ajustant ses lunettes de compétition.

- Moi, je vais dans le même groupe que Matthieu, a annoncé Romain.
- Non, on ne choisit pas ses coéquipiers...

Voilà comment, après un interminable tirage au sort, je me suis retrouvée dans le groupe d'Emma. Pour de vrai, j'avais toutes les chances de les gagner, ces olympiades, même si je flottais comme un caillou ! Parce que Emma est une sirène, elle. Sans rire ! Sur le dos, sur le ventre et en plongeon, elle bat tous les garçons. Même Mehdi parfois... C'est pour dire. Alors, forcément, quand est venue l'épreuve des grands, elle a filé telle une flèche jusqu'au

bout du bassin, et aussi vite en sens inverse, puis elle est sortie de l'eau, tout sourire. Ensuite, elle s'est précipitée vers le banc pour s'envelopper dans sa serviette du menton jusqu'au bout de ses pieds. Il n'y avait que sa tête qui dépassait. Pendant ce temps, les autres nageurs soufflaient comme des cachalots en se battant contre les derniers mètres. Au final, on a tous applaudi Emma. Enfin, presque tous...

- C'est de la triche, a protesté Nathan.
Emma est partie avant le coup de sifflet.
- Oui ! a ajouté Moustafa. Elle doit être disqualifiée.
- Ça suffit, les gars ! a tonné Charlotte, la monitrice. C'est un jeu... D'ailleurs, je ne vois pas pourquoi vous vous plaignez puisque Emma fait partie de votre équipe. Elle a été meilleure que vous, c'est tout.
- N'importe quoi ! a grogné Nathan en nous jetant un regard furibond.
- Aux grenouilles, maintenant ! a clamé Alexis.

Je me suis levée comme un ressort, bien décidée à briller, moi aussi. Et puis voilà ! Une vraie catastrophe. Impossible de repêcher le moindre objet. Rien à faire, mon postérieur refusait catégoriquement de plonger. J'avais la tête sous l'eau, les pieds qui battaient l'air et les fesses qui flottaient à la surface. Vive le canard ! Faute de mieux, j'ai tenté d'agripper les objets avec mes orteils. Après tout, c'est pratique, les orteils, pour attraper les

chaussettes sans se baisser. Alors, pourquoi pas les anneaux ? Sauf qu'ils étaient trop gros, et mes orteils trop petits, si bien que je suis sortie du bassin les mains vides. La honte !

– T'inquiète ! m'a fait Emma au moment où je me glissais à côté d'elle. On va quand même gagner.

J'ai haussé les épaules et tenté de m'intéresser au relais des sardines, mais il y avait une grosse boule en travers de ma gorge qui m'empêchait presque de respirer. Quand est venue l'épreuve de plongeon, j'ai enfin oublié ma pêche

calamiteuse pour admirer Emma.
- Attention ! Voilà la baleine ! a braillé Nathan en la regardant monter sur le plongeoir.
- Tous aux abris ! a renchéri Moustafa.
La piscine va déborder !
Et ils ont éclaté de rire.
- Vous êtes trop bêtes, ai-je sifflé entre mes dents. Emma, ce n'est pas une baleine !
- Peuh ! a fait Atsumi. Ce ne sont que des jaloux.

Emma avait-elle entendu Nathan ou Moustafa ? Mystère. En tout cas, elle s'est envolée comme si de rien n'était, légère comme une libellule, et elle a glissé dans les airs, et tournoyé, et virevolté, avant de disparaître sous l'eau. Dix points !
Elle avait remporté les dix points qui manquaient à l'équipe pour gagner.

- Elle se la pète, a commenté Nathan en la voyant sortir de l'eau.
- Tu parles ! a sifflé Moustafa.

Pourtant, elle ne faisait pas la fière, Emma,

quand elle nous a rejoints sur le banc. Même que ses yeux étaient tout rouges, et ce n'était pas à cause du chlore, non, c'était la faute de ces deux idiots qui ne savaient que se moquer. D'ailleurs, lorsqu'on est retournés aux vestiaires, elle marchait seule devant tout le monde, saucissonnée dans sa serviette, le dos rond.

Un peu plus tard, nous étions en route pour le centre aéré, nos ventres glougloutant comme

des radiateurs, quand elle a sorti un paquet de bonbons de sa poche.
- Qui en veut ? a-t-elle demandé en secouant sous nos yeux les petites frites multicolores.
Ah, il fallait voir la tête de Nathan ! C'était trop marrant. Son nez s'est mis à frisotter comme celui de Croquette lorsqu'elle flaire une bonne odeur. La différence, c'est qu'on finit toujours par donner un petit quelque chose à ma toutounette. Nathan, lui, n'a rien eu du tout. Et quoi encore !
Une fois à la cantine, on nous a servi une platée de couscous qui nous a tous rassasiés, excepté Emma, qui a avalé deux crèmes caramel en plus ! Après, vu qu'on était K.-O., on a joué à des

jeux de société, on a dessiné, et puis très vite l'heure du goûter est arrivée. À peine avais-je fini ma compote que j'ai vu Aline apparaître dans le hall. La journée au centre aéré était déjà terminée. Maintenant, j'allais m'amuser chez Emma. Une bise à Alexis, une bise à Charlotte, et nous sommes parties toutes les trois.

Nous venions d'entrer dans la maison quand Tom et Mehdi ont fait irruption, aussi crottés que Croquette après une promenade en forêt. Beurk !

- Pas les chaussures à l'intérieur ! a lancé Aline.
À droite, à gauche, chaussures et chaussettes ont volé, et les garçons nous ont rejointes dans la cuisine.
- On a trop faim, a gémi Mehdi en ouvrant les placards les uns après les autres. Mais c'est la guerre ici ! a-t-il poursuivi, consterné. Il ne reste même pas un paquet de biscuits !
- Écoute, il y a du pain, du chocolat et du lait...
- Tu plaisantes ? s'est-il insurgé, la tête plongée dans le réfrigérateur. Où est passé le Coca ?

Ne me dis pas qu'il n'y en a plus !
Aline a hoché la tête.
- Tu connais les nouvelles règles : plus de soda ni de biscuits en libre-service.
- C'est abuser ! Tout le monde est au régime depuis que Emma a vu le pédiatre...
- Il ne s'agit pas de régime, a corrigé Aline, mais de prendre de bonnes habitudes alimentaires : moins de sucre, moins de gras. Ça n'empêche pas de manger des bonbons ou des gâteaux de temps à autre...

- Tu parles ! C'est pire que le rationnement.
- Allez, arrête ton cinéma ! Je vais vous faire un milk-shake à la banane ! Ça te va ?
- Mouais, a concédé Mehdi.

Le temps d'éplucher les fruits, de verser le lait, la cuillerée de miel et de mixer le tout, et Aline nous tendait à chacun un grand verre mousseux rempli jusqu'à ras bord que Tom, Mehdi et Emma ont vidé d'un trait.
- Eh bien, Lola, tu n'aimes pas ? a demandé Aline alors que je tardais à boire le mien.
- Euh... c'est qu'on vient de goûter au centre, alors je n'ai pas très faim.

Oh là là ! Qu'est-ce que j'avais dit ! Les yeux de biche de Mehdi se sont transformés en deux monstrueux missiles à tête chercheuse et bip, bip, bip, ils se sont dirigés droit sur Emma.
- Je jure que je ne m'en souvenais plus, a déclaré celle-ci, penaude.
- C'est ça, oui...

- Et cette journée, a demandé Aline, comment s'est-elle passée ?
- Normale, a murmuré Emma en s'empressant de m'entraîner dans le salon, où elle a allumé la télévision.

Hélas, à peine venait-on de se blottir dans le canapé qu'Aline s'est dressée devant le poste tel un gendarme.

- Non, non, les filles, pas de télé pour le moment. Allez jouer dehors !

- Oh non, Maman, pas ça ! a gémi Emma. Je t'en prie, on a déjà bougé toute la journée...

- Allez ! Allez ! Une petite demi-heure, ça vous fera du bien...

- Mais qu'est-ce qu'on va faire ?
- Jouer au ballon, au roller, à la trottinette, ce ne sont pas les jeux qui manquent...
Moi qui croyais avoir la plus sévère des mamans, j'ai compris que je me trompais : Aline était sa sœur jumelle ! On est donc sorties dans le jardin, en traînant un peu les pieds, mais pas trop quand même, au cas où elle nous obligerait à y rester une heure !

- Qu'est-ce qu'on fait maintenant ? a soupiré Emma en mâchouillant tristement le croûton qu'elle avait chipé au passage dans la cuisine.
- Ben, on peut jouer à la corde à sauter...
Sitôt dit, sitôt fait, j'ai attrapé la corde qui traînait sur la pelouse, tandis qu'Emma jetait son bout de pain dans un buisson.
En la voyant faire, j'ai pensé à mon papy, qui dit toujours qu'il ne faut pas gâcher la nourriture.

- Pourquoi as-tu pris du pain alors que tu n'en veux pas ?

- Je ne sais pas... J'en avais envie tout à l'heure...

- Et plus maintenant ?

- Non, parce que j'ai pensé à ma mère, qui fait plein d'efforts pour m'aider à moins manger...

- Ah bon ?

- Oui, mais je n'y arrive pas. C'est plus fort que

moi. Comme s'il y avait deux petites voix dans ma tête : l'une qui me dit « mange, mange, mange » et l'autre « tu es nulle, tu es nulle, tu es nulle ».

Vu que je devais la fixer avec des yeux d'extraterrestre, elle a continué :

- Ce n'est pas juste, Mehdi peut dévorer tout ce qu'il veut, il ne grossit jamais. Mais moi, dès que j'avale une bouchée, je prends un kilo... Et à cause de tout ça, toute la famille mange des légumes et du poisson, même mon père, qui déteste ça...

- La maîtresse a expliqué qu'il fallait manger cinq légumes et cinq fruits par jour !

- Le pédiatre a dit la même chose ! Mais en plus il dit qu'on doit marcher trente minutes par jour, qu'il pleuve, qu'il neige, qu'il vente... Tu te rends compte ? Et même le week-end. Il faut le faire chaque jour, c'est ce qu'il raconte... Depuis, mon père m'accompagne à pied à l'école, lui qui ne se déplaçait qu'en voiture ! Le pire, c'est qu'il

maigrit, mais moi, j'ai toujours ce gros bidon. Il est horrible. J'y pense tout le temps. D'ailleurs, je sais qu'à l'école les autres me trouvent grosse...

- Comment le sais-tu ?

- Je le vois quand ils me regardent. Et puis il y a ceux qui me traitent de baleine ou de sumo. Un jour, je vais me venger, je le jure !

- Et Jérémy, alors, c'est ton amoureux, il te trouve grosse lui aussi ?

- Mais non, évidemment. Lui, c'est différent, il est gentil. C'est comme mes parents, ils disent que je suis jolie. Mais les parents trouvent

toujours leur enfant beau, c'est normal...
N'empêche ! J'ai peur que bientôt Jérémy me trouve moche...
- Eh bien, moi, je dis que tu es très belle. Même que tu ressembles à la princesse d'« Aladin ». Oui. Et ceux qui pensent le contraire, ce sont des cornichons, comme dit mon papy quand il ne veut pas prononcer de gros mots devant moi !
Emma a esquissé un petit sourire triste avant

de prendre la corde que je lui tendais, puis elle a sauté dix fois.
- Allez, viens ! a-t-elle fait en s'immobilisant. On rentre.
Quelques instants plus tard, on était de retour au creux du canapé, devant un dessin animé, quand Mehdi a déboulé avec mon frère.
- Où sont passées mes frites ? hurlait mon amoureux secret métamorphosé en agent de la Gestapo.
- Quelles frites ? s'est inquiétée Aline en surgissant de la cuisine.
- Celles que j'ai achetées hier. Le paquet était posé sur les étagères du palier. C'est toi, Emma, qui les as volées ?
Je me suis mordu la langue et Emma a secoué la tête de gauche à droite. Mais tous les yeux étaient braqués sur elle.
- Puisque je vous dis que ce n'est pas moi ! s'est-elle récriée.

- Euh... c'est peut-être le chien, ai-je fait pour sauver mon amie. À la maison, Croquette mange tout ce qui traîne...

- Est-ce que tu as vu un chien ici, toi ? a grommelé Tom en me foudroyant du regard.

- Je ne sais pas... Je...

- Arrête tes bêtises Lola ! a coupé mon frère. Allez, viens, on y va, c'est l'heure de rentrer.

Ah, vraiment, ce n'est pas une vie d'être petit ! Quand ce ne sont pas les parents qui font la loi, ce sont les grands frères...

En arrivant à la maison, on a senti une délicieuse

odeur de fromage fondu qui flottait dans l'air. Maman avait mis le couvert et Romane trépignait dans sa chaise haute en brandissant un morceau de pomme que Croquette suivait désespérément des yeux en bavant comme un escargot.

- Coucou, mes lapins ! Comment allez-vous ? Je vous ai préparé une tartiflette.

- Cool ! a fait Tom en fourrant son nez dans le cou de Romane.
- Lola, peux-tu prévenir Pierre que le dîner est prêt ?
Pierre, c'est mon faux père. Il est toujours enfermé à la cave à bricoler des vieilleries.
Vroum, j'ai mis le turbo. Descendre au sous-sol, embrasser Pierre, lui dire de venir manger, remonter, me laver les mains, m'asseoir à table : deux minutes ! Yessss ! J'avais battu mon record.

- Trop bon ! a fait Tom, dont la bouche était déjà pleine.

- Délicieux, a ajouté Pierre.

- Comme toujours ! a plaisanté Maman. Et toi, Lola, tu ne me félicites pas ?

- Ben, si, c'est bon, mais...

Six pupilles m'ont épinglée à ma chaise.

- Euh... ai-je repris, mais ce n'est pas bon pour la santé parce qu'il n'y a pas de légumes et qu'il faut manger cinq légumes et cinq fruits à tous les repas...

- Non, mais je rêve ! a grogné Tom. C'est quoi, ce tyran ? Et d'abord, ce n'est pas cinq légumes et cinq fruits par jour, mais cinq fruits et légumes, c'est tout à fait différent :
tu manges une cerise et une feuille de laitue, et c'est réglé pour un repas...
- Tu veux dire une poignée de cerises et une bonne portion de salade, a corrigé Maman.
- Et alors, ai-je demandé, l'horrible soupe aux légumes de Papy, elle compte comment ?
- Elle équivaut à un légume, je suppose, a fait Pierre, à mon grand désespoir.
- Pour simplifier, a conclu Maman, il faut manger de tout modérément et écouter son corps parler.
- Oui, mais, ai-je fait, Emma, ce n'est pas son corps qui lui parle, c'est sa tête. Et Aline a décidé qu'il n'y aurait plus de gâteaux, ni de chocolat, ni de soda, ni...
- Ça, m'a interrompu Tom, c'est parce que

Emma dévalise les placards. Elle vole même les bonbons de Mehdi.

J'ai aussitôt défendu mon amie :

- Elle ne peut pas s'en empêcher, c'est la petite voix dans sa tête qui lui dit de le faire, et ça la rend triste.

- Trop facile cette histoire de petite voix. Elle n'a qu'à se contrôler.

- Ce n'est pas qu'une question de volonté, a expliqué Maman. Certains prennent très vite du poids, d'autres pas...

- On n'est pas tous égaux face à la nourriture, a ajouté Pierre.
- Si elle bougeait davantage... s'est obstiné Tom. Je la vois toujours affalée devant la télé.
- Tu ne te rends pas compte, a rétorqué Maman. Ce n'est pas facile de bouger quand on est gros, on s'essouffle très vite. Imagine marcher en portant en permanence un sac à dos trop lourd !
- Qu'est-ce qu'il faut faire alors ? me suis-je désolée.

- Manger sainement, bouger... Et puis, surtout, je crois qu'il faut que toute la famille y mette du sien.
- Ahmed, le papa d'Emma, ne prend plus sa voiture pour l'accompagner à l'école, il y va à pied. Même que c'est un exploit, parce qu'il n'aime pas marcher ; et puis Aline cuisine plein de légumes maintenant... Sauf qu'ils maigrissent tous, excepté Emma.
- Il faut être patient. D'ailleurs, Emma va grandir

et elle va s'affiner, surtout si toute la famille modifie ses habitudes. C'est déjà une très jolie petite fille.

- Oh oui ! Moi, je trouve qu'elle ressemble à une princesse sur un tapis volant.

Le lendemain, c'était au tour de Maman de nous conduire au centre aéré. Et l'on est arrivées à l'heure, cette fois.

- Vous avez bien toutes vos affaires ? a-t-elle demandé en nous embrassant.

- Oui, oui, a-t-on répondu en chœur.

Ce n'est qu'une fois à la piscine qu'Emma a dit

avoir oublié son sac dans la voiture. Comme elle n'avait rien pour se baigner, elle a passé la matinée avec les moniteurs à organiser les jeux et à compter les points. Et, à propos de points, notre équipe n'en a récolté que vingt ! Au lieu des quarante-sept de la veille. Il faut savoir que Nathan a plongé comme un hippopotame et que Moustafa a nagé son relais tout de travers. Alors, évidemment... Par contre, moi, j'ai réussi à dompter mon postérieur. Adieu le canard, bonjour la poule d'eau : j'ai repêché cinq anneaux ! Fastoche.

N'empêche qu'on a quand même perdu.

Alexis a déclaré que c'était l'absence d'Emma qui avait fait la différence. Pour moi, ce n'était pas une surprise : elle est trop forte, Emma, je l'ai toujours su. Forcément : c'est la sœur de Mehdi.

MDS : 661207
ISBN 9-782-215-143-635

Dépôt légal à la date de parution.
Conforme à la loi n° 49-956 du 16 juillet 1949
sur les publications destinées à la jeunesse.
Imprimé en Italie (08/15).

48